NOTICE

SUR

Claude Tillier,

AU PROFIT

DE

Les Enfants.

PRIX : 75 CENTIMES.

CLAMECY,
Végrétin, imprimeur-libraire.

A Monsieur

Alexis Trébault, avocat,

Membre du Conseil général de la Nièvre.

Monsieur,

Claude Tillier a constamment trouvé en vous un ami dévoué, un conseil éclairé et modérateur. Grâce à vous, lorsque notre infortuné compatriote prenait possession de sa dernière demeure, une voix éloquente a résumé sa vie et ses travaux; c'est encore à vos soins que ses écrits posthumes continuent à être publiés, et qu'une édition complète de ses œuvres se prépare.

La dédicace de sa notice, dont le produit doit profiter à ses enfans, vous revenait donc de droit; veuillez l'agréer comme le corollaire logique de tout ce que vous avez fait pour Tillier, avant et après sa mort. Agréez-la encore comme l'expression de la reconnaissance de tous ses amis de Clamecy.

J'ai l'honneur d'être, Monsieur. avec une haute considération, votre très humble serviteur,

PARENT.

NOTICE
BIOGRAPHIQUE
DE CLAUDE TILLIER.

> « La conscience, c'est la meilleure des
> » logiques, et le charlatanisme, sous quel-
> » que forme qu'il se déguise, est toujours
> » une escroquerie. »
>
> (C. TILLIER. — *Mon Oncle Benjamin.*)

La tombe vient de se fermer sur Claude Tillier. Le genre de littérature auquel il s'est consacré, sur les dernières années de sa vie, lui a suscité de nombreux adversaires. Aujourd'hui que sa férule pamphlétaire gît à côté de lui, inerte et recouverte d'un froid linceul, espérons que toutes les haines se sont éteintes avec sa vie et que tous ses compatriotes, sans exception, ne se rappelleront plus que du devoir qu'il nous reste à remplir, celui de rendre justice au talent du littérateur distingué et courageux dont la perte prématurée se fera mieux sentir à mesure qu'il sera mieux connu.

C'est dans ce but que, comme condisciple et compatriote de Tillier, nous avons entrepris d'esquisser sa vie, en laissant à d'autres plus capables le soin de la reproduire plus éloquemment, et avec une verve digne de lui. Nous avons voulu seulement remplir ces deux conditions: fournir des matériaux à sa biographie, et constater que sa première notice ayant été publiée dans son pays natal, au milieu de tous ceux qui l'ont connu, aura du moins le mérite d'être parfaitement exacte.

Le littérateur qui exerce sa plume à fronder les travers contemporains a dû faire le sacrifice du repos de sa vie; cette abnégation annonce déjà une fermeté de caractère peu commune, en même temps qu'elle est le résultat d'un fond de probité que toute iniquité indigne.

Claude Tillier fut d'autant plus exposé à ces animosités persistantes et vivaces, que ses manières rudes et abruptes, dans les relations de la vie, ajoutaient encore à ce qu'il y avait d'amer dans ses flagellations. Si, en se personnifiant dans des individualités, elles se teignaient souvent d'une couleur trop locale, il faut nous hâter de dire aussi qu'il était impossible qu'il en fût autrement.

L'essor de Tillier a été, pour ainsi dire, parqué dans les limites du département: ce sont des abus locaux qui lui ont fait changer sa férule de maître d'école pour celle de pamphlétaire; et la mort est venue le frapper dans toute la vigueur de son talent avant qu'il ne le consacrât à des travaux plus sérieux et plus importants. Quoiqu'il en soit, Claude Tillier doit prendre rang parmi les hommes distingués que la ville de Clamecy est fière d'avoir vu naître. Sa place, comme écrivain, est à côté du Vigneron de la Touraine, avec lequel il a tant de points de ressemblance.

Claude Tillier est né à Clamecy, le 21 germinal

an 9 (11 avril 1801). Son père est un serrurier aisé, remarquable par son esprit naturel. Claude était l'aîné de trois garçons : le plus jeune, Alexandre, attaché également, comme Gérant responsable, au Journal l'Association, a précédé son frère dans la tombe; le cadet, Victor, est un ouvrier intelligent qui dirige actuellement l'atelier du père. Tous les membres de cette famille, considérée pour sa probité, reflètent ou reflétaient plus ou moins l'esprit original de Claude.

Tillier était d'une taille moyenne : sa figure n'avait rien de beau à la première vue; mais quand la discussion animait ses traits, quand il développait une thèse dont le triomphe lui était contesté par un adversaire digne de lui, sa physionomie prenait une expression hautaine, ses yeux s'agitaient dans leur orbite, et relevant alors son front large et bombé, il apparaissait vraiment beau.

La jeunesse de Claude a été éprouvée par de rudes situations. Doué d'une grande force musculaire, d'un caractère irascible, hardi et turbulent, ennemi de toute entrave, il préludait déjà, dans son enfance, par des rixes fréquentes, aux luttes du pamphlétaire. Combien de fois rentra-t-il chez son père avec des pans d'habit de moins, des déchirures à la figure ou des contusions sur le corps!.. une fois entr'autres on l'emporta du Collége de Clamecy avec le bras fracturé.

A cette époque la ville de Clamecy subvenait aux frais d'une bourse dans un Lycée impérial. En 1813, le jeune Burrot, boursier de la ville, et aujourd'hui professeur très distingué du Collége Louis-le-Grand, à Paris, venait de terminer ses études. La ville de Clamecy avait à lui choisir un successeur. Claude Tillier, par ses succès et les espérances qu'il donnait déjà, mérita d'être choisi pour lui succéder. Il partit le 1er décembre 1813 pour continuer ses études au Lycée de Bourges.

Il apporta dans cet établissement la même aptitude et la même turbulence de caractère. Mais dans l'usage qu'il faisait de sa force, Claude annonçait déjà quels seraient plus tard son dévouement et son abnégation. S'il y avait parmi ses condisciples quelques élèves hargneux, tyrans, abusant de leur force contre de plus petits, Tillier se posait immédiatement comme leur adversaire. Distinguait-il aussi parmi ses camarades quelque enfant d'une complexion faible, soufreteuse, il devenait son protecteur. Il veillait avec un soin si soutenu, avec une susceptibilité si affectueuse à l'inviolabilité de son protégé, que de vives amitiés datent de cette époque et lui sont restées fidèles. Nous pourrions citer M. Bonnet, aujoud'hui préfet, et M. Mermilliard, ancien député du Hâvre.

En 1814, lors de la première restauration, une insurrection éclata au Lycée de Bourges. Tillier dut y prendre et y prit en effet une part aussi active que le lui permettait son âge. Voici ce qui la provoqua : Soumis, jusques-là, à un régime en quelque sorte militaire, réveillés chaque matin au son du tambour, ne connaissant point d'autre cocarde que la tricolore, les élèves se mutinèrent lorsqu'on voulut les forcer à prendre la cocarde blanche, lorsqu'au tambour on voulut substituer la cloche.

Cette cocarde fut foulée aux pieds et traînée dans la boue, aux cris de Vive l'Empereur!.

Si l'on se reporte par la pensée à cette désastreuse époque, on se rappellera que cette acclamation était le cri suprême et désespéré, non-seulement des partisans de l'Empereur, mais encore de tous les hommes libéraux qui voyaient avec effroi, dans la réapparition de la dynastie Bourbonnienne, le tombeau de toutes les conquêtes faites depuis 1789.

Claude, comme tous les écoliers de son âge, trop jeune encore pour juger des atteintes que Napoléon avait portées à la liberté, ne voyait dans ce grand homme que le soldat heureux qui était sorti des rangs du peuple, qui avait jeté sur la France des flots de gloire, qui l'avait rendue florissante et respectée en Europe, et victorieuse sur tous les champs de bataille. Ses opinions politiques ultérieures, bien qu'hostiles à toute espèce de tyrannie, n'effacèrent jamais ses premières impressions sur Napoléon. Ses écrits le témoignent assez. Il aimait à opposer à la couardise de notre politique extérieure actuelle, le langage fier et tout-puissant de l'époque Napoléonnienne.

Un fait qui se rattache à cette insurrection a eu une influence trop funeste sur l'avenir de Tillier pour qu'il ne trouve pas ici sa place.

Sous l'impression de cette échauffourée, Tillier écrivit à sa mère, et dans sa lettre il se complut à détailler les circonstances de leur victoire. Cette pauvre mère, que la nature semblait avoir désignée comme le bon génie de Claude, ayant mission de modérer son fougueux caractère, de réparer les effets de son imprévoyance et de son insouciance (et Dieu sait avec quel affectueux dévouement elle a rempli jusqu'à la fin sa rude et noble tâche!) Cette pauvre mère, disons-nous, justement alarmée à la réception de sa lettre, et craignant que Claude n'encourût son expulsion par quelque coup de tête, s'empressa d'accourir pour consulter un homme qu'elle croyait l'ami bienveillant et dévoué de son fils, et lui communiqua sa lettre. Laissez-moi cette lettre, dit cet homme; je vais écrire à ce petit drôle-là !

Huit ans plus tard, Claude, sur les sollicitations de sa famille, et pressé d'ailleurs par l'époque du tirage, adressa au Recteur une demande pour entrer dans l'instruction. C'est alors qu'instruit de ces démarches, l'homme dont nous continuerons à taire le nom, trompant lâchement la confiance d'une tendre mère, brisant l'avenir d'un jeune homme plein d'espérance, eut l'infamie d'exhumer la lettre qu'il gardait depuis huit ans et l'adressa au Recteur.

Sous un gouvernement ombrageux et de parti, les opinions de l'enfant devaient lui être compromettantes à l'âge d'homme; aussi l'infamie du dénonciateur prévalut, et la carrière de l'instruction secondaire fut fermée à Tillier. C'est à cette exclusion qu'il aura dû de rendre célèbre le titre plus modeste de maître d'école de Clamecy.

Tillier sortit du Lycée de Bourges au mois d'août 1819. Quelques mois après il s'installait, comme maître d'étude, au Collége de Soissons. Il n'y resta qu'un an. En novembre 1820, il entrait en la même

qualité chez M. Petit, chef d'institution, rue
Geoffroy-l'Asnier, à Paris.

A dater de ce moment jusqu'au commencement
de 1822, Claude a été soumis à de cruelles épreuves. Le métier de maître d'étude est rude et péni-
ble. Il faut, pour y résister, une patience et une
résignation que ne comportait guère le caractère
indisciplinable de notre compatriote; aussi fut-il
souvent sans place.

Trop généreux pour solliciter de ses parens de
nouveaux sacrifices, trop fier pour emprunter aux
personnes de sa connaissance, il partageait avec
son ami Brotier le plus humble cabinet, buvait de
l'eau et souvent restait une partie de la journée
couché, pour, disait-il, manger moins de pain.
C'était là le moyen qu'il employait pour modérer
les exigences de son estomac, et c'est au prix
de pareilles privations qu'il achetait son indépendance, et la faculté d'aller bouquiner sur les quais.
C'est à cette époque de sa vie qu'il fait allusion
quand il dit: « J'ai été pauvre entre les plus pauvres;
» eh bien! je trouvais du plaisir à dire à la fortune:
» Je ne me courberai pas sous ta main; je mangerai
» mon pain dur aussi fièrement que le dictateur
» Fabricius mangeait ses raves; je porterai ma
« misère comme les Rois portent leur diadême.
» Frappes tant que tu voudras, frappes encore,
» je répondrai à tes flagellations par des sarcasmes.
» Je serai comme l'arbre qui fleurit quand on le
» coupe par le pied; comme la colonne dont l'aigle
» de métal reluit au soleil, tandis que la pioche
» est à sa base. »

C'est de retour au milieu de sa famille, au commencement de 1822, que Tillier tenta d'entrer dans l'instruction. Ses démarches échouèrent par suite de la dénonciation dont nous avons parlé plus haut. En conséquence, il fut compris dans la classe de 1821, tira le N° 1ᵉʳ et fut déclaré bon pour le service militaire. Le 20 octobre 1822, il fut dirigé sur Périgueux et incorporé dans un escadron du train d'artillerie. L'année suivante, il fit la campagne d'Espagne avec le grade de fourrier.

Quoique brave, Tillier fut un pauvre soldat. L'obéissance passive à des hommes dont il avait quelquefois à déplorer la nullité, a dû bien souvent mettre à de rudes épreuves son impatiente et indisciplinable humeur. Ses amis se rappelleront longtemps la manière amusante et originale dont il dépeignait son grotesque lieutenant. Cet oficier lui reprochait un jour de mal étriller son cheval, et en même temps lui montrait du doigt une jambe malpropre.

— Mon lieutenant, illusion d'optique, dit Tillier.

— Comment dites-vous, fourrier?

— Illusion d'optique, répéta celui-ci, de son air sarcastique.

— Ah! vous m'appelez illusion d'optique! fourrier, vous me ferez huit jours de salle de police.

— Mais, lieutenant....

Mais l'officier, sans vouloir rien entendre, alla se plaindre au capitaine que le fourrier l'avait traité *d'illusion d'optique.*

Les ruines de l'Alhambra, qu'il visita souvent pendant son séjour assez prolongé à Grenade, lui avaient inspiré des vers charmans. Ces vers faisaient partie d'un voyage moitié prose et moitié poésie, qu'il rédigea plus tard, mais dont, suivant son insouciance habituelle, il ne tint aucun compte.

Comme on le voit, Tillier ne supportait pas seulement fort impatiemment la compression militaire, mais encore, comme presque tous les artistes, il négligeait sa tenue et s'acquittait de tous ses devoirs de soldat avec une indifférence peu propre à lui concilier la faveur de ses chefs.

Les six ans qu'il a passés au drapeau ont été alternés par des congés de convalescence dont la durée peut être évaluée à la moitié au moins de son temps de service. Tillier ne se faisait pas faute de solliciter ces permissions, qu'il motivait toujours sur son *catarrhe bronchique*, comme il le disait en plaisantant à chacun de ses retours au pays. Déjà, à cette époque, il jouait avec le mal qui l'a tué.

Il rentra définitivement dans ses foyers le 15 novembre 1828. Il ne tarda pas à ouvrir une école primaire et à se marier.

En 1831, il fut le collaborateur le plus assidu et le plus laborieux de *l'Indépendant*, journal hebdomadaire et d'opposition, fondé à Clamecy. Son style imagé, plein de poésie, quelquefois énergique et élevé, annonçait un athlète vigoureux et apte à devenir un jour, dans la grande presse, un joûteur ferme et distingué.

Tillier, instituteur, fut comme partout et toujours jovial et dévoué avec ses amis, discourtois et raide avec ses chefs hiérarchiques. Fort de sa méthode d'enseignement qui développait l'intelli-

gence des enfans, et leur faisait faire de rapides
progrès, il supportait impatiemment les visites du
comité ou celles des inspecteurs. Loin de les rece-
voir avec la courtoisie convenable, il laissait percer
dans ses gestes, dans ses paroles, une dédaigneuse
insouciance. Toutes les observations qui lui étaient
adressées étaient par lui contestées et discutées.
De là des adversaires qui, plus tard, se trouvèrent au
sein du conseil municipal, lorsqu'il fut question de
le désigner pour diriger l'école communale. Mais
si ce défaut de courtoisie, si cette rébellion perma-
nente de Tillier contre toute espèce de supériorité
hiérarchique, lui suscitèrent d'ardents adversaires,
il avait de chauds défenseurs qui savaient apprécier
tout ce qu'il y avait de bon et de loyal sous cette
enveloppe rugueuse; aussi, nonobstant une forte
opposition, le conseil municipal le nomma instituteur de la commune.

Quelque temps après, ses adversaires cherchè-
rent à annuler le triomphe de Claude, en proposant
un second instituteur chargé de partager avec lui
la besogne et les émoluments. Le candidat mis en
avant était un sieur Bonnet, ancien employé du
canal du Nivernais.

Tillier, à cette occasion, adressa au conseil municipal un mémoire où, dans un style mordant et
spirituel, il faisait ressortir l'absurdité et l'impossi-
bilité de la mesure proposée, qu'il comparait à un
attelage composé d'un cheval et d'un âne; et pour
ne pas offenser son compétiteur, il s'empressait de
déclarer que c'était lui qui était l'âne. Ce factum

aviva encore l'animosité des membres qui lui étaient contraires.

Enfin, au bout de quelque temps, dégoûté des tracasseries qu'on lui suscitait, et surtout gêné dans ses allures par le mode d'enseignement mutuel qui lui était prescrit de suivre, il résigna ses fonctions d'instituteur communal et r'ouvrit une école privée.

Ce changement de position le maintint toutefois sous la surveillance du comité d'arrondissement. Les rapports entre ce comité et Tillier étaient déjà très peu bienveillants; ils devinrent bientôt aigres et hostiles. C'est dans ces circonstances que Tillier, appelé en conciliation devant le Juge de Paix pour une difficulté de très mince importance, crut remarquer dans le magistrat l'esprit d'hostilité du membre du comité envers le maître d'école. Une violente altercation s'éleva, dans la chaleur de laquelle le Justiciable oublia qu'il était devant un Juge dans l'exercice de ses fonctions. Une poursuite correctionnelle fut dirigée par le ministère public contre Tillier, qui fut condamné à huit jours de prison.

Nous venons de voir Tillier emporté et irascible envers ceux qu'il considérait comme ses ennemis. Voyons-le maintenant désintéressé et dévoué avec ses amis. Les services qu'on réclamait de sa plume, de sa bourse, ne le furent jamais en vain. On l'a vu compromettre par un prêt généreux les économies de toute sa vie. Un autre fait dont il prit l'initiative, et qui engageait tout son avoir, doit être dit à sa louange. Un de ses anciens amis avait quitté le séjour de Paris pour cause de santé, et était venu au pays pour traiter d'un office. Le prix en fut arrêté entre les parties; il ne restait plus qu'à trouver une caution exigée par le vendeur. Cet ami croyait pouvoir compter sur la reconnaissance de quelques personnes riches auxquelles son séjour dans la capitale lui avait permis de rendre quelques services. Il n'en fut rien cependant, et sous divers prétextes il fut honnêtement éconduit. Il racontait un jour à Tillier sa triste déconvenue, et le peu de fondement qu'il y avait à faire sur les belles protestations d'amitié, lorsque celui-ci l'interrompit brusquement pour lui offrir son cautionnement. Mais dans ce siècle d'argent, l'engagement de deux hommes d'honneur ne présente pas de garanties suffisantes: la caution ne fut pas trouvée bonne et le traité n'eut pas lieu.

On se rappelle avec quelle intensité, en 1832, le choléra exerça ses ravages à Clamecy. Le collége et les écoles furent fermés. Tillier paya son tribut au fléau. Il fut heureusement une des quelques personnes qui survécurent à ses atteintes. Il ne parvint à se rétablir entièrement qu'en se réfugiant à Corbigny.

Jusqu'en septembre 1840, époque où il publia son premier pamphlet intitulé, *Un flotteur à la majorité du conseil municipal de Clamecy*, la vie de Tillier s'écoule uniformément; il continue de diriger son école avec des alternatives de prospérité croissante et décroissante. Il l'avait définitivement abandonnée depuis quelques mois, lorsqu'en 1841 il alla à Nevers prendre la direction du Journal l'Association, qu'il conserva jusqu'au 14 mai 1843, où il cessa de paraître.

Alors se trouvant sans emploi, Tillier entreprit la publication d'une série de vingt-quatre pamphlets, puis ensuite celle d'une seconde série de douze. Mais le malheureux devait mourir à la tâche, et laisser à des mains amies le soin de compléter son entreprise. Atteint, depuis près de deux ans, d'une affection de poitrine, qu'il négligea, ou au moins qu'il ne soigna qu'avec son insouciance habituelle, Claude consentit enfin à se soumettre à une médication énergique qui détermina une sensible amélioration. Mais soit négligence dans les soins, soit récrudescence spontanée de la maladie, il retomba dans son premier état, et mourut à Nevers le 12 octobre 1844.

Son caractère stoïque ne se démentit pas un seul instant. Son intelligence se maintint jusqu'à la fin, aussi lucide, aussi puissante. Le 8 octobre, c'est-à-dire quatre jours avant sa mort, il était encore à Clamecy, travaillant malgré ses souffrances et entretenant ses amis des probabilités de sa fin prochaine, leur disant le suprême adieu avec le stoïcisme du philosophe et la sérénité de l'honnête homme. Dans cette position douloureuse, qu'il serait donné à peu d'hommes de traverser sans abattement, sa force d'âme et sa bonté lui faisaient encore trouver des idées gracieuses et de bonheur pour ceux qu'il aimait. Le 26 septembre, son médecin de Clamecy, qui était aussi son ami, mariait sa demoiselle avec un jeune savant, plusieurs fois lauréat de l'Université. Au dessert du repas de noce, l'heureux père recevait de Tillier le quatrain suivant :

Un voile blanc, sainte et touchante chose,
Devant l'autel, ce matin, s'inclinait.
Heureux parent, vous faites un bouquet
D'un laurier vif et d'une rose.

Telle fut la vie de Claude Tillier. Elle fut obscure et sans péripéties brillantes. Il naquit, il vécut dans les rangs du peuple. Il en contracta nécessairement les habitudes franches et rudes. Dans un modeste banquet d'amis, il était plein de verve et de gaîté. Son imagination féconde et originale savait trouver dans toutes les questions des aperçus nouveaux, et il en assaisonnait le développement de beaucoup d'esprit et d'originalité. Dans ces discussions familières, la contradiction était sa marotte, et pour la provoquer il soutenait les plus mauvaises thèses. Là encore on était émerveillé de ses argumentations spécieuses et des ressources infinies que sa rare intelligence savait réunir en faveur d'une cause désespérée.

M. Alexis Frébault a admirablement résumé la vie de Tillier dans le discours qu'il a prononcé sur sa tombe :

« Il est mort pauvre, disait-il; son désintéresse
» ment qui tenait du détachement raisonné du phi
» losophe et de l'insouciance désordonnée de l'artis
» te, ne lui a jamais laissé trouver, dans les ad
» mirables facultés dont l'avait doué la nature,
» une source de fortune ou même d'aisance. »

Armand Carrel a dit de Paul-Louis Courrier :

« La vie d'un écrivain distingué par une très
» grande originalité est le meilleur commentaire
» de ses écrits; c'est l'explication et pour ainsi dire

» l'histoire de son talent. Cela est vrai surtout de
» celui qui n'a point, dans sa jeunesse, suivi les
» lettres comme une carrière, et dont l'imagina-
» tion, dans l'âge de l'activité et des vives impres-
» sions, ne s'est point appauvrie dans les quatre
» murs d'un cabinet, ou dans l'étroite sphère d'une
» coterie littéraire. »

Soit que Tillier ait beaucoup de points de simili-
tude avec Courrier, soit que l'un et l'autre de ces
écrivains aient conservé dans leurs productions
littéraires le cachet d'une individualité propre à chacun d'eux, et tellement tranché qu'on puisse les
reconnaître à la première vue, toujours est-il qu'il
n'est pas un mot de la citation que nous venons de
faire qui ne puisse s'appliquer à Tillier aussi bien
qu'à Courrier.

Comme celui-ci, notre compatriote s'affranchit
des conventions de son époque. Comme Courrier,
ce n'est qu'accidentellement, et quelques années
seulement avant sa mort, que Tillier s'est fait
homme de lettres. La réaction de 1815, de petites
persécutions tracassières et incessantes, ont forcé
Paul-Louis à s'armer du fouet pamphlétaire; quelque chose d'analogue a réagi également sur Claude:
cependant, il faut bien le dire, sa position mili-
tante fut aussi quelque peu son œuvre. Lui que ses
habitudes excentriques, que la rudesse de ses manières avaient constamment tenu éloigné de ce
que l'on appelle la haute société, lui dont l'esprit
naturellement frondeur s'exerçait partout et sur
tous, s'affranchissait volontiers des ménagements,
des égards et des formes courtoises que prescrivent

nos mœurs françaises. Aussi, combien ses allures abruptes et caustiques ont-elles froissé d'amours-propres !.. Combien, parmi ceux qui auraient pu rester ses amis, s'est-il fait d'adversaires qu'il fallut combattre ensuite !..

Ce qui cependant différencie ces deux écrivains, et ne permet pas de les confondre, c'est que Courrier, plus homme du monde, déguise ses traits spirituels et acérés par un style naïf et affectant la bonhomie, tandis que Tillier, dédaigneux de toute précaution oratoire, se prend corps à corps avec son sujet, le traite par une expression nette, forte, pittoresque et quelquefois brutale. Il tient peu de compte des individus, même des illustrations contemporaines, quand, subissant comme le vulgaire les conditions de la fragilité humaine, elles commettent des fautes ou des faiblesses.

Son premier pamphlet avait attiré l'attention sur lui. Ses lettres sur la réforme électorale, publiées en quelque sorte sous le patronage de Timon, fixèrent tout-à-fait le choix des actionnaires de l'*Association*, et Tillier fut appelé à la rédaction en chef de ce journal.

Investi tout-à-coup de ces hautes et difficiles fonctions, Claude fut bientôt à la hauteur de la mission qui lui était confiée ; mais il y apporta les mêmes dispositions d'indépendance, la même volonté de fer. Un article à ajourner, à modifier, quelques lignes, quelques phrases, un mot même à supprimer, à cet égard il était intraitable. Le mot concession n'était pas français pour lui. Avec un auxiliaire aussi peu maniable, et de quelque talent qu'il fût doué, une entreprise de Journal par actions, où tant de volontés diverses se croisent et se heurtent, ne pouvait avoir une longue durée. Aussi les actionnaires se lassèrent de faire des concessions et de n'en obtenir aucunes. L'Association tomba. Le procès civil dont on a parlé fut le prétexte et non la cause de la disparition regrettable du seul Journal d'opposition qui existât dans la Nièvre.

Quoiqu'il en soit, la collaboration de Tillier avait révélé au département un écrivain plein de verve et de talent. On le voyait chaque jour grandir.. Son style chaleureux et plus châtié s'élevait progressivement, et l'on vit des articles de fond où, comme il le dit lui-même de la lettre de M. De Lamartine au Bien Public, *resplendissaient des beautés de pensées et d'expression.*

C'est dans les feuilletons de l'Association que parut successivement Mon oncle Benjamin, chef-d'œuvre des écrits qu'a jusqu'à ce jour publiés notre célèbre maître d'école. L'action de ce roman philosophique et de mœurs est presque nulle, et cependant quel intérêt continu et irrésistible !. Dans ce tableau concis et vigoureux, il n'est pas une esquisse, pas un coup de pinceau qui n'ait un mérite spécial.

Ici, c'est la peinture gaie et spirituelle des mœurs gastronomiques de nos grand'pères, telles que nous les ont transmises les traditions. Là, le prélude des luttes entre la noblesse et la roture. Plus loin se déroulent sans emphase, et avec une merveilleuse vérité, les affections et les tribulations intérieures de famille. Partout enfin s'intercallent, dans un style spirituel et pittoresque, la critique des abus les plus humbles et l'exposé des aphoris -mes philosophiques de l'ordre le plus élevé.

Gil Blas de Santillane n'offre pas un chapitre plus instructif, plus moral, plus vrai et plus attrayant que le dialogue entre Benjamin et Mâchecourt sur la société des Dix, et dont la conclusion, qui peint si bien la nature probe de Tillier, est celleci : « La conscience, c'est la meilleure des logiques, et le charlatanisme, sous quelque forme qu'il se déguise, est toujours une escroquerie. »

On a reproché à Tillier d'avoir sali son style d'expressions et de comparaisons basses et triviales. Nous pourrions bien dire, pour le disculper de ce reproche, que la république des lettres a eu ses révolutions comme la société politique, et que Tillier n'était pas homme à suivre servilement les ornières du pur classisme qui, disait-il, avait fait son temps. La voie large et nouvelle ouverte par Châteaubriand, Walter-Scott, Victor Hugo, etc. , convenait mieux aux jets exhubérants et vagabonds de son imagination. Mais écoutons-le répondre lui-même ; cela vaudra infiniment mieux que ce que nous aurions à dire : « Que m'importe, dit-il, la trivialité d'une comparaison, pourvu qu'elle soit juste, qu'elle soit pittoresque, qu'elle solidifie pour ainsi dire l'idée et la fasse toucher à l'œil et à l'oreille ! Belle raison de ne pas se servir d'un mot parce que trente-deux milions d'autres s'en servent ! Pourquoi ne pas écrire comme on parle ? La plume n'est-elle pas une seconde langue que l'écrivain s'est faite lui même ? »

Nous ne nous poserons pas en panégyriste, *quand même*, de Claude Tillier; nous n'entreprendrons pas, en biographe solidaire de toutes ses opinions, de glorifier une à une toutes ses œuvres. L'appréciation de ses écrits doit être faite par une plume plus experte et plus habile. D'ailleurs cette tâche ne pourrait, dans ce moment, qu'être incomplète, puisque, notamment ses poésies et son *Cornélius*, ne nous sont connus que par quelques lambeaux publiés dans l'Association; mais nous résumerons en peu de mots l'ensemble de ses travaux et le but philantropique qu'il s'est constamment proposé.

Claude Tillier s'est attaqué à de hautes potitions, à de vieux préjugés, à des questions délicates et brûlantes. Il a flagellé le charlatanisme politique et le charlatanisme religieux. Il l'a fait avec la hardiesse et la vigueur de style qu'on lui connaît; il l'a fait avec la conviction profonde qu'il accomplissait un devoir d'honnête homme et de bon citoyen. Il a fait d'ailleurs, contre les abus de la société, ce que, pour les lois, l'opposition accomplit dans une assemblée délibérante. S'il n'a pas réformé tout ce qui était abusif, il a du moins donné l'éveil et empêché que le mal ne prît de l'extension. Ce qui est un service immense.

La démocratie n'eut jamais de défenseur plus fervent, plus intrépide et surtout plus incorruptible; car Claude était une nature éminemment probe et honnête. A son point de vue démocratique, toute supériorité factice, tout abus, toute exploitation de l'homme, sous quelque forme qu'elle se déguisât, de quelque voile saint qu'elle se cou-

vrît, dès l'instant qu'elle lui paraissait tendre à
porter atteinte aux droits du peuple, à nuire à son
bien-être matériel, ou à pervertir ses sentiments
moraux et religieux, tout cela provoquait son indi-
gnation et déterminait ses attaques. Eh! qui oserait incriminer ses flagellations, si l'on a la bonne
foi d'en reconnaître la portée et le but? qui oserait
la rabaisser au point de vue de mesquines person-
nalités? quels que furent les écarts de ses opinions
aux yeux de certains partis, quelque exagération
qu'il mît dans ses appréciations, quelque impossi-
bilité même qu'il y aurait à faire l'application de
ses théories politiques ou sociales, qui pourrait mé-
connaître dans son style souvent *vif et piquant, par-
fois plein d'énergie et d'élévation, toujours riche et sai-
sissant*, comme le dit M. Alexis Frébault, la touche
de l'écrivain éminent et l'accent chaleureux de
l'homme convaincu et consciencieux?

Et, cependant, les qualifications de vil, d'infâme
pamphlétaire ont été proférées contre Claude
Tillier!...

Pour faire justice de ces injures grossières, il
suffirait d'avoir lu cette notice. Nous pourrions en
outre, par de nombreux extraits de ses écrits,
établir de combien de belles qualités était doué ce
noble cœur. La description d'un sermon aux flam-
beaux, dans une cathédrale gothique (4e pamphlet,
2e série, pages 6 et suivantes), prouverait combien
chez Tiller était inné et profond le sentiment
religieux; mais nous nous bornerons à remettre
sous les yeux du lecteur ce passage sublime de
piété filiale et de pieuse résignation :

« Ma mère est à côté de mon fauteuil de ma-
» lade ; elle est sourde, la pauvre femme, et
» nous ne pouvons guère nous faire entendre :
» mais elle est là qui m'enveloppe de tous ses
» regards, qui cherche à deviner dans mes yeux
» ce que je désire, et dans le moindre pli de
» mon front ce qui me déplaît. Elle a quitté
» l'autre moitié de sa famille, celle qui n'a pas
» besoin d'elle, pour prendre sa part de mon
» agonie. Les soins qu'elle avait donnés à mon
» enfance, elle les prodigue à ma précoce vieil-
» lesse. Elle a déjà vu mourir un fils, et elle
» vient encore me prêter l'appui de son bras
» pour me faire descendre plus doucement les
» pentes de la vie. . . . . . . Et quand j'ai à aimer
» une pareille mère, on voudrait que j'allasse
» porter mes adorations à une mère dont mes
» sens ne me rendent pas compte ! . . Pauvre
» mère ! de quelle lourde main Dieu vous a-t-il
» donc mesuré les larmes qu'il a mises sous vo-
» tre paupière ! . . . Dieu ne serait-il donc point
» juste envers les mères ? Un fils ne peut en-
» terrer qu'une fois sa mère ; mais une mère, de
» combien de fils souvent ne porte-t-elle point le
» deuil ! . . Suis-je au moins le dernier enfant
» qu'elle enterrera ? Lui en restera-t-il un dernier
» pour lui fermer les yeux et mêler à nos os ses
» chères dépouilles ? Est-elle destinée à emporter
» la clé de notre chétive maison ?

» O combien je suis moins à plaindre qu'elle !
» Je meurs quelques jours avant ceux de ma
» génération ; mais je meurs dans cet âge où fi-
» nit la jeunesse, et après lequel la vie n'est plus
» qu'une longue décadence. Je rendrai à Dieu
» mes facultés telles qu'il me les a données ;
» mon imagination vole toujours d'un vol libre
» dans l'espace, et le temps n'a point blanchi
» les plumes de son aile. . . . .

» Je suis semblable à l'arbre qu'on coupe ayant
» encore des fruits entre le tronc dont il est
» poussé et les jeunes rejetons qui poussent.
» Belle et pâle automne! tu ne m'as point vu,
» cette année; dans tes chemins bordés d'her-
» bes flétries, je n'ai vu ton doux soleil, et je
» n'ai senti tes brises parfumées que de ma fe-
» nêtre; mais nous nous en irons ensemble! Je veux
» mourir avec la dernière feuille des peupliers,
» avec la dernière fleur de la prairie, avec le
» dernier chant des oiseaux, enfin avec tout ce
» qui est doux, avec tout ce qui est beau dans
» l'année. Il faut que ce soit la première bise qui
» me dise : Il faut partir! ... Ne vaut-il pas
» mieux mourir à temps que de vieillir? . . »

Ces touchantes et plaintives mélodies sont un
des derniers chants du Cygne. Ici se terminera
aussi notre tâche.

Nous nous sommes particulièrement attachés
à reproduire les événements de la vie de Tillier
avec l'exactitude que comporte une longue inti-
mité; nous avons fait connaître l'homme de probité, l'ami désintéressé et dévoué, le bon citoyen.

Nous laissons à une illustration littéraire, M.
Félix Pyat, qui s'occupe d'une biographie de
Tillier, le soin d'apprécier l'écrivain et l'écono-
miste politique. Le travail de M. Pyat doit fi-
gurer en tête des œuvres complètes de notre
compatriote. Le vœu que nous avions à former
se trouve heureusement réalisé. Claude Tillier
aura les honneurs d'un illustre patronage, et ses
œuvres, mises à la portée de tous, vont bientôt
confirmer et grandir la juste célébrité de son
nom.

Clamecy, Cégrétin, imp.

9 782011 765901